MONSIEUR IBR ET LES FLEURS DU CORAN

Eric-Emmanuel Schmitt

Fiche de lecture

Rédigée par Fabienne Durcy, professeur de Lettres

lePetitLittéraire.fr

Retrouvez tout notre catalogue sur www.lePetitLitteraire.fr

Avec lePetitLittéraire.fr, simplifiez-vous la lecture !

© Primento Éditions, 2011. Tous droits réservés.

4, rue Henri Lemaitre | 5000 Namur

www.primento.com

ISBN 978-2-8062-1382-2

Dépôt légal :D/2011/12.603/294

SOMMAIRE

MONSIEUR IBRAHIM ET LES FLEURS DU CORAN

ERIC-EMMANUEL SCHMITT

Romancier, dramaturge et scénariste belge né en 1960 en France, Éric-Emmanuel Schmitt est l'auteur de nombreux ouvrages qui connaissent un vif succès populaire, parmi lesquels des récits sur les religions : *Milarépa* (1997), traitant du bouddhisme ; *Monsieur Ibrahim et les Fleurs du Coran* (2001), sur le soufisme, une branche de l'Islam ; *Oscar et la dame rose* (2002), qui évoque le christianisme ; *L'enfant de Noë* (2004), touchant au judaïsme ; *Le sumo qui ne pouvait pas grossir* (2009) sur le bouddhisme zen. Beaucoup de ces livres mettent en scène une rencontre entre un adulte et un enfant qui confrontent leurs croyances.

- **Né en 1960 à Sainte-Foy-lès-Lyon, en France**
- **Romancier, dramaturge et scénariste franco-belge**
- **Quelques-unes de ses œuvres :**
  La Part de l'autre (2001), roman
  Odette Toulemonde et autres histoires (2006), roman
  La femme au miroir (2011), roman

Un récit proche du conte philosophique

Monsieur Ibrahim et les Fleurs du Coran est un récit d'apprentissage rétrospectif et chronologique écrit à la première personne qui s'apparente à un conte philosophique. Moïse, un adolescent juif, en est le narrateur et le personnage principal. Il raconte comment, grâce à sa rencontre avec un vieux Soufi, monsieur Ibrahim, il découvre l'amitié et l'amour, murit, apprend à se connaitre et à être heureux, après s'être heurté aux dures réalités de sa vie.

Ce court roman de 66 pages prend le temps, peu à peu, au travers des propos de sagesse de monsieur Ibrahim, de murmurer aux oreilles du lecteur un chant de tolérance et de bonheur.

1. RÉSUMÉ

Moïse, dit Momo, 11 ans, vit seul avec son père, un avocat d'affaires sa mère ayant quitté le foyer après sa naissance , «dans un grand appartement noir, vide et sans amour» (p. 9), à Paris, rue Bleue. Cette rue est fréquentée par des prostituées, que Momo décide d'aller voir après avoir cassé sa tirelire, «le prix de l'âge d'homme» (p. 10). C'est par cet événement que commence le récit.

Lors de ses courses quotidiennes, le jeune garçon, qui doit s'occuper des tâches ménagères, **fait la connaissance de monsieur Ibrahim, «l'épicier arabe d'une rue juive»** (p. 13). Démarre entre eux une relation faite de questions-réponses : «Une phrase par jour. Nous avions le temps. Lui, parce qu'il était vieux, moi parce que j'étais jeune.» (p. 16) Petit à petit, ils deviennent **de plus en plus proches**. Ses nouvelles relations avec d'autres adultes que son père, neurasthénique et déprimé chronique, montrent à Momo **d'autres façons d'agir** et de se comporter, ainsi que **d'autres valeurs morales et sociales** (p.23). Momo apprend alors à comparer : lorsque son père s'adresse à lui, c'est pour l'invectiver, le disputer, lui faire le reproche de ne pas être comme son frère Popol, la «perfection vivante» (p. 25), et lui apprendre «à regarder les gens avec méfiance, mépris.» (p. 25) ; lorsque monsieur Ibrahim lui parle, c'est inversement pour lui apprendre que **le sourire est «l'arme absolue»** (p. 28) dans la vie et pour lui enseigner le bonheur. C'est facile, lui dit-il, d'être heureux, parce que **«c'est le sourire qui rend heureux et non l'inverse»** (p. 27). Momo expérimente cette méthode et constate vite les changements que lui procure cette amabilité nouvelle, sauf avec son père.

Les **conversations** de Momo et du vieil épicier prennent progressivement un tour **philosophique** : ils abordent des sujets comme l'amour, la religion (l'un est musulman, l'autre juif), le bonheur, etc. Comme le vieil homme sent le désespoir du jeune garçon livré à lui-même et privé d'affection, il s'occupe aussi de son quotidien : il le sort, l'emmène chez le dentiste et lui achète des chaussures. Il lui offre même un coran, à la demande de Momo.

Un jour, Moïse trouve une lettre inachevée de **son père** dans laquelle ce dernier lui annonce qu'il **a perdu son travail et qu'il part**, lui laissant le peu d'argent qui reste. Momo fait comme si de rien n'était : «Il était hors de question que j'admette avoir été abandonné» (p. 44), dit-il. Il apprend à imiter la signature de son père et fait mine de cuisiner pour deux. Même à son ami l'épicier, **Momo ne dit rien**.

Souhaitant **se prouver qu'il est digne d'être aimé**, il se met à «faire la cour avec une ardeur de noyé» (p. 46) à **Myriam**, la fille du concierge. Mais cette relation est source de tourments supplémentaires. Lorsqu'il s'ouvre à son vieil ami, celui-ci lui dit avec la sagesse qui le caractérise que **ce que l'on donne est à soi pour toujours**, et que cela est valable aussi pour l'amour : « Ton amour pour elle, il est à toi. Il t'appartient. » (p. 48)

Momo et l'épicier partent ensemble en Normandie. Le jeune garçon, qui **découvre la mer**, est bouleversé par la beauté de ce qui les entoure. À nouveau, monsieur Ibrahim intervient : « **La beauté est partout.** Où que tu tournes les yeux. Ça, c'est dans mon Coran. » (p. 48)

À leur retour, Momo se trouve confronté une fois de plus à la cruelle réalité de son existence : des policiers lui annoncent sans ménagement que **son père s'est jeté sous un train** et qu'il faut aller reconnaitre le corps. C'est monsieur Ibrahim qui s'en charge. Il explique au jeune garçon qu'il faut qu'il pardonne à son père ; celui-ci a été victime de son destin.

Mais le destin frappe encore à la porte de Momo, cette fois en la personne de **sa mère**. Une scène étrange a alors lieu, où **chacun fait mine de ne pas savoir qui est l'autre** : Momo raconte qu'il s'appelle Mohammed et que Moïse habitait bien dans cet appartement, mais qu'il a déménagé ; elle, de son côté, explique qu'elle est partie parce qu'elle ne pouvait pas vivre avec le père de Momo, à qui elle a dû laisser son seul fils pour pouvoir suivre l'homme qu'elle aimait. Momo comprend alors que Popol n'a jamais existé.

Bouleversé par ces possibles retrouvailles qu'il refuse, **Momo demande à monsieur Ibrahim de l'adopter.** Le nouveau « père », éprouvant autant de bonheur que le nouveau « fils », décide qu'**ils partiront sur ses terres d'origine, en Anatolie.** Ayant acheté une voiture, ils traversent d'abord la Suisse, l'Albanie et la Grèce, et arrivent à Istanbul, où Momo est conduit dans un Tekké, un monastère soufi. Il découvre les Soufis, ces moines appelés aussi derviches tourneurs, car ils ont pour prière une danse lente, tournoyante, lors de laquelle ils pointent une main en direction de la terre et l'autre en direction du ciel. **Momo pardonne enfin à ses parents** : « J'avais la haine qui se vidangeait. » (p. 75)

Ensuite, **ils continuent leur périple en direction de « la mer de naissance »** (p. 79) de monsieur Ibrahim qui, trop bouleversé à l'idée de revoir son ami Abdullah, préfère partir seul au volant de la voiture, tandis que Momo l'attend. Mais, comme la journée passe et qu'il ne revient pas, le jeune garçon part à sa recherche et apprend que **monsieur Ibrahim a eu un grave accident de voiture.** Il le retrouve mourant. Ils ont alors une **dernière conversation**, intense, avant que monsieur Ibrahim ne parte « rejoindre l'immense » (p. 80). **Momo s'efforce de sourire** comme son « père » lui a appris.

Aidé par monsieur Abdullah, **Momo repart à Paris** où il apprend qu'**il est l'héritier de monsieur Ibrahim** qui avait pris la précaution, avant leur départ, de lui léguer son argent, son épicerie et son coran.

Quand, ému, Momo ouvre le Coran pour savoir enfin ce qu'il y a de si précieux à l'intérieur, il y trouve «deux fleurs séchées et une lettre de son ami Abdullah» (p. 83).

C'est Momo qui à son tour **devient «l'épicier arabe» de la rue Bleue**. Il accepte que sa mère reçoive à dîner tous les lundis «Mohammed», l'épicier. .

2. ÉTUDE DES PERSONNAGES

Ce récit est une sorte de **conte moral** (il s'inspire de la forme du conte merveilleux pour transmettre des idées et des concepts à portée philosophique) dont le schéma actanciel est très apparent : Moïse, le héros, mène une quête, celle du bonheur et de l'identité ; il est guidé et aidé par monsieur Ibrahim, et empêché par son père.

Le héros : Moïse

Momo est **le personnage principal et le narrateur**. Comme tout passe par son prisme (focalisation interne), la narration est forcément subjective. Physiquement, il dit qu'il est « gros comme un sac de sucreries » (p. 10). C'est **un enfant triste** qui est poli parce qu'il a peur de recevoir des « baffes » (p. 27). Il **souffre à la pensée qu'il n'est pas digne d'être aimé** et qu'il n'est pas digne que quelqu'un s'occupe de lui, lui fasse des cadeaux, lui parle et réponde à ses questions. Il **se sent responsable du malheur de son père** et culpabilise. Mais, à côté de sa douleur, c'est un garçon **curieux de tout**, attentif, désireux d'évoluer et de s'instruire, et très intéressé par les questions existentielles. Le destin se montre aussi cruel avec lui que bénéfique et, finalement, **l'adulte Momo trouve l'objet de sa quête, le bonheur**.

Les opposants

Le père

« Un père qui me pourrit la vie, qui m'abandonne et qui se suicide... » (p. 55), pense Moïse de son père après son enterrement. Leur relation est en effet difficile, voire inexistante. Le père **ne remplit pas ses devoirs paternels** et l'enfant, livré à lui-même, se sent comme « un esclave plutôt que comme le fils d'un avocat sans affaires et sans femmes » (p. 10). Son père, en l'initiant à la valeur de l'argent, fait régner chez eux la **méfiance** ; il soupçonne même son fils de vol et l'oblige à inscrire tout ce qu'il dépense dans un cahier, ce qui amène Momo à réellement tricher et voler. De plus, il est **souvent fâché contre son fils**, ne lui manifeste **aucune marque d'affection** et **ne s'intéresse pas à ce qu'il est** ; Moïse dit d'ailleurs « qu'il a toujours froid lorsqu'il est avec son père » et que celui-ci « ne fait pas plus attention à lui qu'à un chien » (p. 24). Même quand Moïse, sur les conseils de son vieil ami, sourit à son père, il ne gagne pas plus de considération. Aussi son père compare-t-il Moïse à son soi-disant frère Popol qui est, selon lui, le fils idéal tandis que Moïse est « l'autre nom de sa nullité » (p. 24).

Il **travaille constamment**, déteste le bruit, son univers semble limité à la musique classique et à la lecture, il est **incapable de transmettre à Momo le gout de la vie**, et il a une **influence négative sur sa vie sociale**, lui apprenant «à regarder les gens avec méfiance, mépris...» (p. 25). D'ailleurs, les seules indications physiques à son égard sont assez significatives : «je regardais mon père lire dans son fauteuil, isolé dans le rond du lampadaire [...]. Il était clos dans les murs de sa science» (p. 24) ; «il a la tête de celui qui a besoin de plusieurs aspirines» (p. 40).

Sans égard pour son fils, **le père part un jour**, ce qui provoque l'**isolement et le désespoir de Moïse**. Il a honte d'être abandonné et se sent coupable de cette situation. Il doute alors de sa capacité à être aimé. L'excuse de ce comportement et, en quelque sorte, son explication, viendra de monsieur Ibrahim : le père de Momo **a beaucoup souffert et a été victime d'un destin qui le dépassait**. En fait, les nazis avaient déporté ses parents dans un camp de concentration et il se reprochait d'avoir survécu. C'est son malheur qui l'avait rendu dur et injuste. Mettre des mots sur le cas de son père permet à Moïse de commencer à lui pardonner.

La mère

La mère de Moïse l'a abandonné, choisissant de partir avec un homme moins tourmenté et **aspirant à une vie «où il y a le bonheur»** (p. 61). C'est cela qu'elle explique à son fils lorsqu'elle le retrouve. Mais Moïse, qui n'est encore qu'un adolescent, ne peut l'entendre et décide, par conséquent, de se faire adopter par monsieur Ibrahim. Il **estime que sa mère a négligé ses devoirs**. Au moment où elle veut l'embrasser, il fait «celui qui ne comprend pas» (p. 61). L'histoire en forme de happy end suggère pourtant une possible relation entre la mère et le fils devenu adulte.

Notons que sa mère permet à Momo d'exister en lui laissant la liberté de se choisir une autre famille en la personne de monsieur Ibrahim. Elle lui dit d'ailleurs qu'«il y a des enfances qu'il faut quitter, des enfances dont il faut guérir» (p. 84).

Les adjuvants

Monsieur Ibrahim

Épicier dans la rue Bleue, monsieur Ibrahim est «l'Arabe de la rue», bien qu'il soit turc et musulman : «Je ne suis pas Arabe, Momo, je viens du Croissant d'Or», dit-il.

Il est **le sage, le guide et le conseiller de Moïse, dont il fait l'éducation et la formation, par la conversation**. Il lui révèle le rôle de l'argent, la force de persuasion qu'est le sourire et les caractéristiques des grandes religions monothéistes, et il lui apprend à voir la beauté, l'amour, etc. Bref, il lui enseigne **les grands principes de la vie**. Il le conduit vers un monde de contemplation et de spiritualité, et lui fait même accepter l'idée de la mort. Pourtant, malgré tous les enseignements qu'il lui prodigue, il répète qu'il ne sait rien «que ce qu'il y a dans son Coran » (p. 47).

Il est **le pendant positif du père de Momo** : généreux, **il ouvre les yeux de Momo sur un monde où le bonheur existe**. Il deviendra d'ailleurs son père adoptif, celui qui l'ancrera bien plus dans la vie que son père biologique et qui lui léguera ses valeurs.

Du physique de Monsieur Ibrahim, on sait peu de choses : il « a toujours été vieux », il sourit et il ne bouge guère («Il semblait échapper à l'agitation ordinaire des mortels…», p. 13).

Notons que, pour lui, la religion doit être vécue intérieurement ; elle est là pour maintenir en vie, et permet de se réconcilier avec soi-même et avec les autres.

Les prostituées

La prostituée qui a initié Momo, à qui, symboliquement, il offre son ours et dont il dit qu'« [e]lle était ronde et belle comme un dessin » (p. 10), a eu des gestes affectueux envers lui, les seuls qu'il ait jamais reçus jusque-là.

Myriam

La fille de la concierge, le premier amour juvénile de Momo, participe aussi à son apprentissage.

3. CLÉS DE LECTURE

Une pièce de théâtre narrativisée

À l'origine écrit pour le théâtre – l'auteur a ensuite transformé sa pièce en un roman , le récit garde quelques **traces de l'écriture théâtrale** :

* la présence de **scènes** (moments où le temps de la fiction correspond exactement à celui de la narration) : par exemple, celle des retrouvailles de Moïse avec sa mère dans l'appartement qu'il est en train de repeindre (p. 57-62) ;

* **différentes formes de comique** : comique de répétition dans la scène du sourire (p. 27-29), comique de mots dans les dialogues (« Penses-tu, Momo, Le Coran n'est pas un manuel de mécanique ! », p. 67), et comique de situation lorsque monsieur Ibrahim passe son permis de conduire et lorsqu'ils achètent la voiture. (p. 64-65) ;

* des **monologues** : Momo s'adresse à lui-même lorsqu'il est seul (par exemple : « Mon sieur Ibrahim m'a donné l'arme absolue. Je mitraille le monde entier avec mon sourire. On ne me traite plus de cafard », p. 28) ;

* la **présence prépondérante de dialogues** puisque la formation de Momo est basée sur l'échange et que l'ouverture à l'autre passe par la parole : comme l'explique monsieur Ibrahim, « [l]orsqu'on veut apprendre quelque chose, on ne prend pas un livre. On parle avec quelqu'un » (p. 47).

Un voyage initiatique

Monsieur Ibrahim et les Fleurs du Coran est en quelque sorte le récit d'un **voyage initiatique** au cours duquel on suit l'évolution d'un personnage, les étapes de sa formation, en l'occurrence, ici, Momo. À travers un parcours physique réel, dans sa ville d'abord, puis jusqu'en Anatolie avec Monsieur Ibrahim, **Momo prend peu à peu conscience de certaines choses qui l'aident à grandir et à murir.**

* **La rue Bleue**

   La première étape, cruciale, du voyage de Momo, c'est la **traversée symbolique de la rue Bleue**. Le monde lui est offert et il va à sa rencontre : « Je suis allé voir les putes » (p. 9). Il se rend également à l'épicerie de Monsieur Ibrahim. Momo commence donc à **s'ouvrir à l'extérieur**. À partir de là, il n'arrêtera pas de bouger et commencera un voyage hors de lui, à la rencontre de l'autre pour mieux se trouver. Ce voyage-là, au début, il le fait **seul**, aidé tout de même par l'argent de son père, celui de sa tirelire et celui des courses.

- **Paris** intra muros

À la deuxième étape de son voyage, Momo est accompagné. Il ne sera **désormais plus jamais seul**. Lors de la visite du centre de Paris dans laquelle monsieur Ibrahim l'entraine, il découvre la richesse architecturale et économique, entre autres, et **prend conscience que le monde ne se réduit pas à sa rue**.

- **La Normandie**

Monsieur Ibrahim l'emmène ensuite à Cabourg où il est non seulement **confronté à la beauté**, mais aussi à sa ressemblance avec son ami : monsieur Ibrahim, tout comme lui, est circoncis. Il découvre des points communs entre son origine juive et celle, musulmane, de monsieur Ibrahim : «Avec monsieur Ibrahim, je me rendais compte que les juifs, les musulmans et même les chrétiens, ils avaient eu plein de grands hommes en commun avant de se taper sur la gueule. » (p. 50)

- **De Paris à Istanbul**

C'est **le grand voyage de Momo**, au cours duquel il **va vraiment vers l'autre**. Quand monsieur Ibrahim lui demande ce qu'il veut faire plus tard, il répond alors qu'il veut être dans l'import-export : «C'était un mot sérieux et en même temps aventurier, un mot qui renvoyait aux voyages, aux bateaux... » (p. 71) Lorsqu'il découvre la religion soufie, au cours de ce voyage **Momo prie et se libère : il pardonne enfin à ses parents**.

- **L'Anatolie**

L'Anatolie est **la fin de son voyage avec son «père»** et le voyage ultime pour monsieur Ibrahim. Même si celui-ci n'est pas arrivé à sa «mer de naissance » et n'a pas revu son ami, peu lui importe : «Tous les fleuves se jettent dans la même mer » (p. 79), dit-il à Momo. Le vieil homme, dans un dernier souffle, délivre ainsi **un ultime enseignement** à Momo : **la mort fait partie de la vie** et, après la vie, «l'immense » est encore à découvrir. Le jeune homme accepte alors cette mort avec une grande **sérénité** et s'efforce même de sourire.

- De l'Anatolie à Paris

  Lors de son voyage de retour, **Momo est seul** et rentre en stop : «Je m'en suis remis à Dieu, j'ai mendié et j'ai couché dehors et ça aussi c'était un beau cadeau» (p. 82), explique-t-il. Il expérimente la vraie liberté, cruelle mais douce, sans son mentor ; il est vraiment **devenu adulte.**

- **La rue Bleue**

  Enfin, Momo devient l'épicier arabe de la rue Bleue : il a fait le **voyage de Moïse à Mohammed** et s'est **trouvé une identité.** D'ailleurs, c'est après avoir annoncé à sa mère que Moïse est parti en voyage avec Popol qu'il accepte de la rencontrer chaque semaine.

Un double héritage

La mémoire douloureuse

Moïse, fils d'un père juif qui a souffert, refuse d'être le dépositaire de cette mémoire de souffrance. Il décide alors de sortir de cette «hérédité» : «Il y a des enfances qu'il faut quitter » (p. 84), dit-il.

Au départ, Momo ne sait pas ce qu' «être juif» signifie et interroge son père à ce sujet : «Mais, Papa, on est juifs, nous, toi et moi» (p. 39). La réponse qu'il obtient est tragique et définitive : **pour son père, «[ê]tre juif, c'est simplement avoir de la mémoire, une mauvaise mémoire»** (p. 39), mémoire qui rend ce père malade et qui finit par le tuer. L'adolescent **refuse dès lors l'image de ce père enkysté dans son destin**, coincé dans son passé, de ce père qui lui a offert cet objet symbolique qu'est «la tirelire, couleur de vomi avec une fente qui permet à la pièce d'entrer mais pas de sortir» (p. 9). Moïse **ne veut pas de cet héritage** : il casse la tirelire et il vend les livres de son père, «la haute et profonde bibliothèque héréditaire, tous ces livres censés contenir la quintessence de l'esprit humain…» (p. 23). Alors, enfin, il se sent «libre» (p.51). Il décide également d'ouvrir les fenêtres et de se débarrasser de «ces vieux meubles qui sentaient le passé, pas le beau passé, non le vieux passé, le rance, celui qui pue comme une vieille serpillière. » (p.51)

La quête du bonheur

Être heureux pour monsieur Ibrahim, ça s'apprend et ça s'ancre dans la réalité. Le beau est partout, les autres sont intéressants et chacun a sa place. **En choisissant de se faire adopter par le vieil homme, Momo fait le choix du bonheur.** En cela d'ailleurs, il ressemble à sa mère qui est partie pour avoir «une vie heureuse». Si, au départ, tout semble séparer Momo du vieil homme, leur voyage commun démontre l'inverse. **Momo accepte alors l'héritage de monsieur Ibrahim, symbolisé par le coran** qui enseigne tout puisque tout est à l'intérieur, mais qui ne suffit pas puisque, selon monsieur Ibrahim, les réponses ne sont pas dans les livres, mais chez les êtres : «Lorsqu'on veut apprendre quelque chose, on ne prend pas un livre. On parle avec quelqu'un. Je ne crois pas aux livres.» (p. 47) Monsieur Ibrahim lègue aussi à Momo son épicerie. En faisant cela, il émancipe le jeune homme, le rendant «libre » puisqu'il **lui donne les moyens matériels de construire sa vie** et de fonder une famille.

4. PISTES DE RÉFLEXION

Quelques questions pour approfondir sa réflexion...

- À votre avis, cette œuvre peut-elle avoir des vertus thérapeutiques pour les lecteurs ? Connaissez-vous d'autres œuvres qui ont ce type de pouvoir ?

- Comment comprenez-vous cet enseignement de monsieur Ibrahim : « L'homme à qui Dieu n'a pas révélé la vie directement, ce n'est pas un livre qui la lui révèlera » ?

- « La lenteur, c'est ça, le secret du bonheur » (p. 71), dit Monsieur Ibrahim. Expliquez et illustrez à l'aide d'exemples concrets tirés du livre.

- Selon vous, pourquoi Monsieur Ibrahim ne craint-il pas la mort ? Comment conçoit-il le temps que l'homme passe dans le monde d'ici-bas ?

- Comment interprétez-vous le titre de l'œuvre ?

- Quels sont les points communs entre ce roman et *La vie devant soi* d'Émile Ajar/Roman Gary ?

- Comparez le livre avec son adaptation cinématographique. Cette dernière est-elle fidèle à l'ouvrage d'Éric-Emmanuel Schmitt ?

- Y a-t-il des thèmes communs entre toutes les œuvres d'Éric-Emmanuel Schmitt ? Si oui, lesquels ?

5. INFORMATIONS COMPLÉMENTAIRES

Adaptation

- *Monsieur Ibrahim et les Fleurs du Coran*, film de François Dupeyron, France, 2003 (scénario François Dupeyron et É-É Schmitt).

Édition de référence

- *Monsieur Ibrahim et les Fleurs du Coran*, Paris, Albin Michel, 2001.

LePetitLittéraire.fr, une collection en ligne d'analyses littéraires de référence :

- des fiches de lecture, des questionnaires de lecture et des commentaires composés
- sur plus de 500 œuvres classiques et contemporaines
- ... le tout dans un langage clair et accessible !

Connectez-vous sur lePetitlittéraire.fr et téléchargez nos documents en quelques clics :

Adamek, *Le fusil à pétales*
Alibaba et les 40 voleurs
Amado, *Cacao*
Ancion, *Quatrième étage*
Andersen, *La petite sirène et autres contes*
Anouilh, *Antigone*
Anouilh, *Le Bal des voleurs*
Aragon, *Aurélien*
Aragon, *Le Paysan de Paris*
Aragon, *Le Roman inachevé*
Aurevilly, *Le chevalier des Touches*
Aurevilly, *Les Diaboliques*
Austen, *Orgueil et préjugés*
Austen, *Raison et sentiments*
Auster, *Brooklyn Folies*
Aymé, *Le Passe-Muraille*
Balzac, *Ferragus*
Balzac, *La Cousine Bette*
Balzac, *La Duchesse de Langeais*
Balzac, *La Femme de trente ans*
Balzac, *La Fille aux yeux d'or*
Balzac, *Le Bal des sceaux*
Balzac, *Le Chef-d'oeuvre inconnu*
Balzac, *Le Colonel Chabert*
Balzac, *Le Père Goriot*
Balzac, *L'Elixir de longue vie*
Balzac, *Les Chouans*
Balzac, *Les Illusions perdues*
Balzac, *Sarrasine*
Balzac, *Eugénie Grandet*
Balzac, *La Peau de chagrin*
Balzac, *Le Lys dans la vallée*
Barbery, *L'Elégance du hérisson*
Barbusse, *Le feu*
Baricco, *Soie*
Barjavel, *La Nuit des temps*
Barjavel, *Ravage*
Bauby, *Le scaphandre et le papillon*
Bauchau, *Antigone*
Bazin, *Vipère au poing*
Beaumarchais, *Le Barbier de Séville*
Beaumarchais, *Le Mariage de Figaro*
Beauvoir, *Le Deuxième sexe*
Beauvoir, *Mémoires d'une jeune fille rangée*
Beckett, *En attendant Godot*
Beckett, *Fin de partie*
Beigbeder, *Un roman français*
Benacquista, *La boîte noire et autres nouvelles*
Benacquista, *Malavita*
Bourdouxhe, *La femme de Gilles*
Bradbury, *Fahrenheit 451*
Breton, *L'Amour fou*
Breton, *Le Manifeste du Surréalisme*
Breton, *Nadja*
Brink, *Une saison blanche et sèche*

Brisville, *Le Souper*
Brönte, *Jane Eyre*
Brönte, *Les Hauts de Hurlevent*
Brown, *Da Vinci Code*
Buzzati, *Le chien qui a vu Dieu et autres nouvelles*
Buzzati, *Le veston ensorcelé*
Calvino, *Le Vicomte pourfendu*
Camus, *La Chute*
Camus, *Le Mythe de Sisyphe*
Camus, *Le Premier homme*
Camus, *Les Justes*
Camus, *L'Etranger*
Camus, *Caligula*
Camus, *La Peste*
Carrère, *D'autres vies que la mienne*
Carrère, *Le retour de Martin Guerre*
Carrère, *La controverse de Valladolid*
Carrol, *Alice au pays des merveilles*
Cassabois, *Le Récit de Gildamesh*
Céline, *Mort à crédit*
Céline, *Voyage au bout de la nuit*
Cendrars, *J'ai saigné*
Cendrars, *L'Or*
Cervantès, *Don Quichotte*
Césaire, *Les Armes miraculeuses*
Chanson de Roland
Char, *Feuillets d'Hypnos*
Chateaubriand, *Atala*
Chateaubriand, *Mémoires d'Outre-Tombe*
Chateaubriand, *René 25*
Chateaureynaud, *Le verger et autres nouvelles*
Chevalier, *La dame à la licorne*
Chevalier, *La jeune fille à la perle*
Chraïbi, *La Civilisation, ma Mère!...*
Chrétien de Troyes, *Lancelot ou le Chevalier de la Charrette*
Chrétien de Troyes, *Perceval ou le Roman du Graal*
Chrétien de Troyes, *Yvain ou le Chevalier au Lion*
Chrétien de Troyes, *Erec et Enide*
Christie, *Dix petits nègres*
Christie, *Nouvelles policières*
Claudel, *La petite fille de Monsieur Lihn*
Claudel, *Le rapport de Brodeck*
Claudel, *Les âmes grises*
Cocteau, *La Machine infernale*
Coelho, *L'Alchimiste*
Cohen, *Le Livre de ma mère*
Colette, *Dialogues de bêtes*
Conrad, *L'hôte secret*
Conroy, *Corps et âme*
Constant, *Adolphe*
Corneille, *Cinna*

Corneille, *Horace*
Corneille, *Le Menteur*
Corneille, *Le Cid*
Corneille, *L'Illusion comique*
Courteline, *Comédies*
Daeninckx, *Cannibale*
Dai Sijie, *Balzac et la Petite Tailleuse chinoise*
Dante, *L'Enfer*
Daudet, *Les Lettres de mon moulin*
De Gaulle, *Mémoires de guerre III. Le Salut. 1944-1946*
De Lery, *Voyage en terre de Brésil*
De Vigan, *No et moi*
Defoe, *Robinson Crusoé*
Del Castillo, *Tanguy*
Deutsch, *Les garçons*
Dickens, *Oliver Twist*
Diderot, *Jacques le fataliste*
Diderot, *Le Neveu de Rameau*
Diderot, *Paradoxe sur le comédien*
Diderot, *Supplément au voyage de Bougainville*
Dorgelès, *Les croix de bois*
Dostoïevski, *Crime et châtiment*
Dostoïevski, *L'Idiot*
Doyle, *Le Chien des Baskerville*
Doyle, *Le ruban moucheté*
Doyle, *Scandales en bohème et autres contes*
Dugain, *La chambre des officiers*
Dumas, *Le Comte de Monte Cristo*
Dumas, *Les Trois Mousquetaires*
Dumas, *Pauline*
Duras, *Le Ravissement de Lol V. Stein*
Duras, *L'Amant*
Duras, *Un barrage contre le Pacifique*
Eco, *Le Nom de la rose*
Enard, *Parlez-leur de batailles, de rois et d'éléphants*
Ernaux, *La Place*
Ernaux, *Une femme*
Fabliaux du Moyen Age
Farce de Maitre Pathelin
Faulkner, *Le bruit et la fureur*
Feydeau, *Feu la mère de Madame*
Feydeau, *On purge bébé*
Feydeau, *Par la fenêtre et autres pièces*
Fine, *Journal d'un chat assassin*
Flaubert, *Bouvard et Pecuchet*
Flaubert, *Madame Bovary*
Flaubert, *L'Education sentimentale*
Flaubert, *Salammbô*
Follett, *Les piliers de la terre*
Fournier, *Où on va papa?*
Fournier, *Le Grand Meaulnes*

Pagnol, *Le château de ma mère*
Pagnol, *La gloire de mon père*
Pancol, *La valse lente des tortues*
Pancol, *Les écureuils de Central Park sont tristes le lundi*
Pancol, *Les yeux jaunes des crocodiles*
Pascal, *Pensées*
Péju, *La petite chartreuse*
Pennac, *Cabot-Caboche*
Pennac, *Au bonheur des ogres*
Pennac, *Chagrin d'école*
Pennac, *Kamo*
Pennac, *La fée carabine*
Perec, *W ou le souvenir d'Enfance*
Pergaud, *La guerre des boutons*
Perrault, *Contes*
Petit, *Fils de guerre*
Poe, *Double Assassinat dans la rue Morgue*
Poe, *La Chute de la maison Usher*
Poe, *La Lettre volée*
Poe, *Le chat noir et autres contes*
Poe, *Le scarabée d'or*
Poe, *Manuscrit trouvé dans une bouteille*
Polo, *Le Livre des merveilles*
Prévost, *Manon Lescaut*
Proust, *Du côté de chez Swann*
Proust, *Le Temps retrouvé*
Queffélec, *Les Noces barbares*
Queneau, *Les Fleurs bleues*
Queneau, *Pierrot mon ami*
Queneau, *Zazie dans le métro*
Quignard, *Tous les matins du monde*
Quint, *Effroyables jardins*
Rabelais, *Gargantua*
Rabelais, *Pantagruel*
Racine, *Andromaque*
Racine, *Bajazet*
Racine, *Bérénice*
Racine, *Britannicus*
Racine, *Iphigénie*
Racine, *Phèdre*
Radiguet, *Le diable au corps*
Rahimi, *Syngué sabour*
Ray, *Malpertuis*
Remarque, *A l'Ouest, rien de nouveau*
Renard, *Poil de carotte*
Reza, *Art*
Richter, *Mon ami Frédéric*
Rilke, *Lettres à un jeune poète*
Rodenbach, *Bruges-la-Morte*
Romains, *Knock*
Roman de Renart
Rostand, *Cyrano de Bergerac*
Rotrou, *Le Véritable Saint Genest*
Rousseau, *Du Contrat social*
Rousseau, *Emile ou de l'Education*
Rousseau, *Les Confessions*
Rousseau, *Les Rêveries du promeneur solitaire*
Rowling, *Harry Potter–La saga*
Rowling, *Harry Potter à l'école des sorciers*
Rowling, *Harry Potter et la Chambre des Secrets*
Rowling, *Harry Potter et la coupe de feu*
Rowling, *Harry Potter et le prisonnier d'Azkaban*
Rufin, *Rouge brésil*

Saint-Exupéry, *Le Petit Prince*
Saint-Exupéry, *Vol de nuit*
Saint-Simon, *Mémoires*
Salinger, *l'attrape-coeurs*
Sand, *Indiana*
Sand, *La Mare au diable*
Sarraute, *Enfance*
Sarraute, *Les Fruits d'Or*
Sartre, *La Nausée*
Sartre, *Les mains sales*
Sartre, *Les mouches*
Sartre, *Huis clos*
Sartre, *Les Mots*
Sartre, *L'existentialisme est un humanisme*
Sartre, *Qu'est-ce que la littérature?*
Schéhérazade et Aladin
Schlink, *Le Liseur*
Schmitt, *Odette Toutlemonde*
Schmitt, *Oscar et la dame rose*
Schmitt, *La Part de l'autre*
Schmitt, *Monsieur Ibrahim et les fleurs du Coran*
Semprun, *Le mort qu'il faut*
Semprun, *L'Ecriture ou la vie*
Sépulvéda, *Le Vieux qui lisait des romans d'amour*
Shaffer et Barrows, *Le Cercle littéraire des amateurs d'épluchures de patates*
Shakespeare, *Hamlet*
Shakespeare, *Le Songe d'une nuit d'été*
Shakespeare, *Macbeth*
Shakespeare, *Romeo et Juliette*
Shan Sa, *La Joueuse de go*
Shelley, *Frankenstein*
Simenon, *Le bourgmestre de Fume*
Simenon, *Le chien jaune*
Sinbad le marin
Sophocle, *Antigone*
Sophocle, *Œdipe Roi*
Steeman, *L'Assassin habite au 21*
Steinbeck, *La perle*
Steinbeck, *Les raisins de la colère*
Steinbeck, *Des souris et des hommes*
Stendhal, *Les Cenci*
Stendhal, *Vanina Vanini*
Stendhal, *La Chartreuse de Parme*
Stendhal, *Le Rouge et le Noir*
Stevenson, *L'Etrange cas du Docteur Jekyll et de M. Hyde*
Stevenson, *L'Île au trésor*
Süskind, *Le Parfum*
Szpilman , *Le Pianiste*
Taylor, *Inconnu à cette adresse*
Tirtiaux, *Le passeur de lumière*
Tolstoï, *Anna Karénine*
Tolstoï, *La Guerre et la paix*
Tournier, *Vendredi ou la vie sauvage*
Tournier, *Vendredi ou les limbes du pacifique*
Toussaint, *Fuir*
Tristan et Iseult
Troyat, *Aliocha*
Uhlman, *L'Ami retrouvé*
Ungerer, *Otto*
Vallès, *L'Enfant*
Vargas, *Dans les bois éternels*
Vargas, *Pars vite et reviens tard*
Vargas, *Un lieu incertain*

Verne, *Deux ans de vacances*
Verne, *Le Château des Carpathes*
Verne, *Le Tour du monde en 80 jours*
Verne, *Madame Zacharius, Aventures de la famille Raton*
Verne, *Michel Strogoff*
Verne, *Un hivernage dans les glaces*
Verne, *Voyage au centre de la terre*
Vian, *L'écume des jours*
Vigny, *Chatterton*
Virgile, *L'Enéide*
Voltaire, *Jeannot et Colin*
Voltaire, *Le monde comme il va*
Voltaire, *L'Ingénu*
Voltaire, *Zadig*
Voltaire, *Candide*
Voltaire, *Micromégas*
Wells, *La guerre des mondes*
Werber, *Les Fourmis*
Wilde, *Le Fantôme de Canterville*
Wilde, *Le Portrait de Dorian Gray*
Woolf, *Mrs Dalloway*
Yourcenar, *Comment Wang-Fô fut sauvé*
Yourcenar, *Mémoires d'Hadrien*
Zafón, *L'Ombre du vent*
Zola, *Au Bonheur des Dames*
Zola, *Germinal*
Zola, *Jacques Damour*
Zola, *La Bête Humaine*
Zola, *La Fortune des Rougon*
Zola, *La mort d'Olivier Bécaille et autres nouvelles*
Zola, *L'attaque du moulin et autre nouvelles*
Zola, *Madame Sourdis et autres nouvelles*
Zola, *Nana*
Zola, *Thérèse Raquin*
Zola, *La Curée*
Zola, *L'Assommoir*
Zweig, *La Confusion des sentiments*
Zweig, *Le Joueur d'échecs*

NOTES

1786650R00013

Printed in Germany
by Amazon Distribution
GmbH, Leipzig